2in1

zum Nachschlagen

Sachunterricht Grundschule

Schroedel

2in1 zum Nachschlagen Sachunterricht Grundschule

Autor:

Michael Tornette ist Grund- und Hauptschullehrer und war viele Jahre im Schuldienst tätig. Seit 1990 ist er Autor von Schulbüchern und Lernhilfen für das Fach Sachunterricht.

Druck [1]/Jahr 2014

Redaktion: Katrin Spiller
Umschlag: Janssen Kahlert Design & Kommunikation, Hannover
Illustrationen: Thies Schwarz, Hannover
Satz: imprint, Zusmarshausen
Herstellung: Sandra Grünberg
Druck und Bindung: westermann druck GmbH, Braunschweig
ISBN 978-3-507-**22298**-4

Inhaltsverzeichnis

So arbeitest du mit 2in1 zum Nachschlagen

Die Überschrift sagt dir, worum es geht

- Alle wichtigen Erklärungen stehen auf gelbem Hintergrund.
- Die Merksätze hinter einem Aufzählungszeichen (▸) sind wichtig. Lies sie so oft, bis du sie wirklich verstanden hast.
- Das, worauf du besonders achten musst, ist in roter Schrift gedruckt.

Zu den Merksätzen gehören Beispiele.
Sie stehen auf weißem Hintergrund.

Zusätzliche Informationen findest du auf diesen Zetteln!

1 Wasser (Eigenschaften)

- Nur ein Viertel unserer Erdoberfläche besteht aus Land, der größere Teil ist von Wasser bedeckt.
- Würde man alle Wasservorräte unseres Planeten in 100 Wassergläser füllen, wären nur drei Gläser mit Trinkwasser gefüllt. 97 von 100 Gläsern enthielten Salzwasser.
- Von den drei mit Trinkwasser gefüllten Gläsern bestehen zwei Gläser aus dem Eis der Polargebiete und der Gletscher. Das restliche Glas besteht aus Grundwasser, Wasser in Seen und Flüssen und dem in den Wolken enthaltenen Wasser.

Zustandsformen

- Wasser kann in drei verschiedenen Zustandsformen auftreten.
- Die Zustandsformen können sich durch Erhitzen und durch Abkühlen verändern.

Zustandsformen von Wasser:

fest (Eis)

flüssig (Wasser)

gasförmig (Wasserdampf)

Wasser/Trinkwasser (Wasser ist Leben)

- Ohne Wasser ist auf unserem Planeten kein Leben möglich.
  Unser Körper besteht zum größten Teil aus Wasser.
  Ständig geben wir Wasser ab, zum Beispiel wenn wir schwitzen.
- Wir bekommen Durst, wenn unserem Körper Wasser fehlt.
  Ein Kind sollte täglich ein bis zwei Liter Wasser zu sich nehmen.
  Auch unsere Nahrung enthält Wasser, vor allem Obst und Gemüse.

Ein Apfel enthält etwa 85% Wasser.

Eine Melone enthält etwa 90% Wasser.

Eine Gurke enthält etwa 95% Wasser.

Wasserkreislauf

- Wenn Wasser erwärmt wird, verdunstet ein Teil davon.
  Winzige Wassertröpfchen steigen auf, zusammen bilden sie eine Wolke.
- Werden die Wassertröpfchen zu schwer, dann fallen sie als Regen, Hagel oder Schnee herab.
- Das Regenwasser versickert in der Erde oder sammelt sich in Bächen, Flüssen, Seen oder Meeren.
  Der Kreislauf des Wassers kann nun von Neuem beginnen.

2 Luft

- Unser Planet Erde ist von einer Luftschicht umhüllt.
  Diese Luftschicht nennen wir **Atmosphäre**.
- Die Luft, die wir einatmen, ist ein Gemisch aus verschiedenen Gasen.
  Eines dieser Gase ist **Sauerstoff**, den wir zum Leben brauchen.

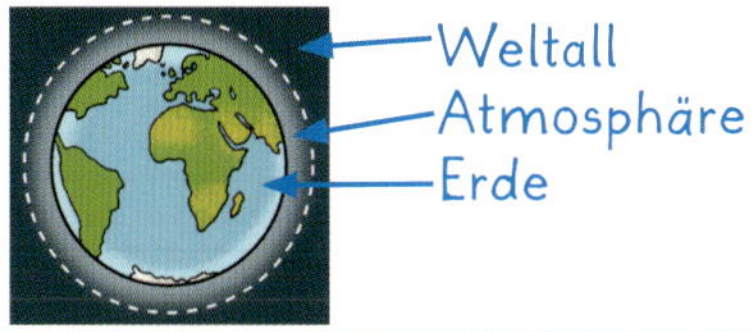

Zusammensetzung der Luft:

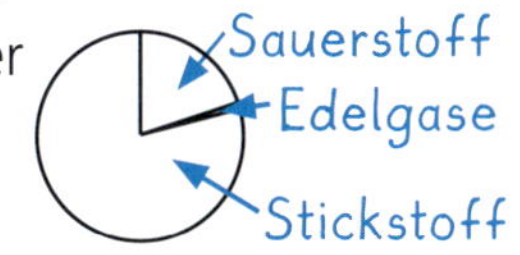

Eigenschaften

- Luft hat viele Eigenschaften:
  - Das Einatmen von Luft ermöglicht Leben (1).
  - Feuer braucht Luft zum Brennen (2).
  - Luft kann Schallwellen transportieren (3).
  - Luft kann sich zusammenziehen und ausbreiten (4).
  - Luft kann antreiben (5).
  - Luft kann bremsen (6).
  - Luft kann trocknen (7).

Schallwellen

- Geräusche bewegen sich in der Luft als Schallwellen fort.
  Schall entsteht, wenn Gegenstände schnell schwingen.
- Wenn du eine Stimmgabel in Schwingung versetzt und an dein Ohr hältst, kannst du die Bewegung hören.
- Unsere Ohren fangen die Schallwellen wie ein Trichter auf. Über das Trommelfell gelangen sie an das Hörzentrum im Gehirn. So können wir hören.

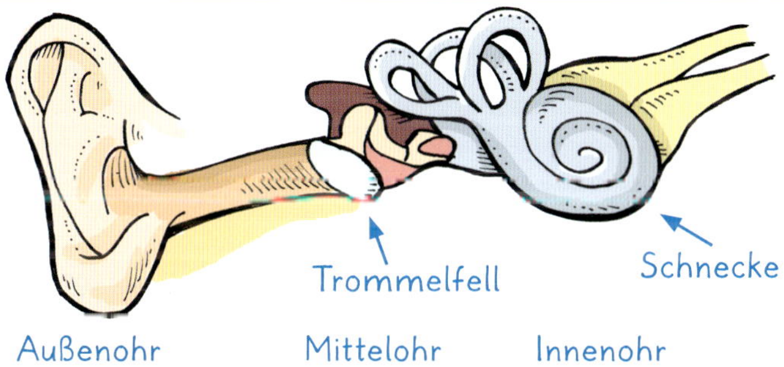

Saubere Luft (Luft ist Leben)

- Durch Rauch und Abgase gelangen schädliche Stoffe in die Luft.
- Mit der Luft atmen wir auch Staubteile und Schmutzteile ein.
- Die meisten Schadstoffe in der Luft sind nicht sichtbar. Sie können Menschen,Tiere und Pflanzen schädigen. Durch Filter in Schornsteinen und Auspuffanlagen lassen sich viele dieser Schadstoffe vermindern.

Baume filtern Staub und Schmutz.
Sie verbrauchen Stickstoff und geben Sauerstoff ab.
Eine 100 Jahre alte Buche gibt jedes Jahr 4600 Kilogramm Sauerstoff ab.
Diese Menge reicht, damit ein Erwachsener 13 Jahre lang atmen kann.

3 Wetter

Wie entsteht/verändert sich das Wetter?

- Die Sonne, die Luft und das Wasser bestimmen das Wetter auf unserem Planeten.
- Von der Sonne erwärmte Luft steigt nach oben und kühlere Luft strömt nach. Die Luft gerät dadurch in Bewegung, wir spüren den Wind und wir sehen die Bewegung der Wolken.
- Weil das Wasser sich langsamer erwärmt als das Land, weht der Wind tagsüber meist vom Wasser auf das Land zu.

Regen/Schnee/Hagel

- Die Wolken bestehen aus winzigen Wassertröpfchen. Werden sie zu schwer, fallen sie als Regentropfen auf die Erde.
- Wenn es kälter ist als null Grad, dann gefrieren die Tropfen in der Wolke zu Schneekristallen und fallen als Schneeflocken herab.
- Auch im Sommer ist die Luft in den Wolken manchmal kälter als null Grad. Wenn die Schneekristalle zur Erde fallen, fangen sie unterwegs Wassertröpfchen ein. Diese Tropfen gefrieren zu Eis und kommen als Hagelkörner auf der Erde an.

Gewitter

- Gewitter entstehen meist im Sommer, wenn die Luft sich sehr stark erwärmt.
- Starker Wind setzt elektrisch geladene Regenwolken in Bewegung.
- Blitze entstehen zwischen den Wolken und wir hören Donnergeräusche.
- Blitze sind sofort sichtbar, der Donner braucht etwa drei Sekunden, um einen Kilometer zurückzulegen.
- Wenn du die Sekunden zwischen Blitz und Donner zählst, kannst du ausrechnen, wie weit das Gewitter entfernt ist.

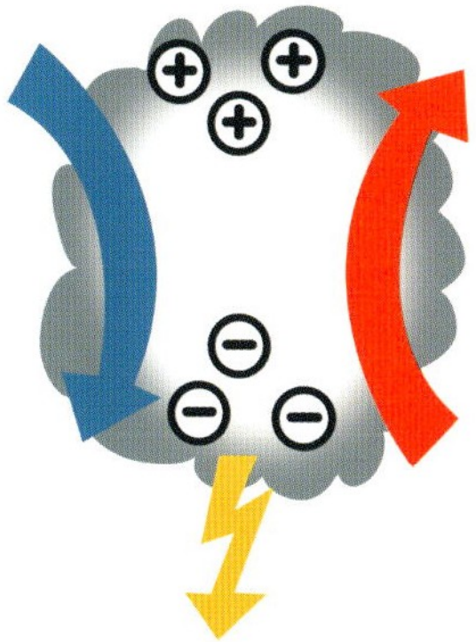

In einer Gewitterwolke steigt warme Luft nach oben und kalte Luft nach unten.

Dadurch trennen sich die elektrischen Ladungen in positive und negative Ladungen.

Wird die dadurch entstehende Ladung zu groß, entlädt sie sich in Blitzen.

4 Feuer

- Ein Feuer kann nur entstehen, wenn drei Bedingungen gleichzeitig erfüllt sind:
  Entzündungstemperatur,
  Brennmaterial,
  Sauerstoff.

Jeder Stoff hat eine Entzündungstemperatur, bei der er zu brennen beginnt.
Ein gut brennbarer Stoff ist zum Beispiel Holz.
Ohne Sauerstoff kann kein Feuer brennen. Sauerstoff ist ein Teil der Luft.

Feuergefährliche Stoffe

- Einige Stoffe sind gefährlich, weil es bei ihrer Verbrennung zu Explosionen kommen kann.
- Einige Stoffe geben bei ihrer Verbrennung giftige Gase ab.

Zu diesen Stoffen gehören zum Beispiel Benzin oder Spiritus.

Zu diesen Stoffen gehören zum Beispiel Styropor und Plastik.

Dieses Zeichen bedeutet: Warnung vor feuergefährlichen Stoffen.

Feuer löschen

- Mit Wasser kann man brennendes Material abkühlen. Die Temperatur reicht für eine Verbrennung nicht mehr aus.
- Die Feuerwehr löscht Brände auch mit Schaum. Der Schaum lässt keinen Sauerstoff an das Feuer. Die Flammen ersticken.

Löschen mit Wasser

Löschen mit Schaum

Ersticken der Flammen

Was tun, wenn es brennt?

- Kleinere Brände löscht man mit Wasser oder durch Ersticken der Flammen.
- Bei größeren Bränden gilt:
  - Fenster und Türen schließen,
  - das brennende Zimmer verlassen,
  - Nachbarn und Feuerwehr alarmieren.

  Bei der Feuerwehr anrufen:
  - sagen, wer spricht,
  - sagen, wo es brennt,
  - sagen, was brennt,
  - abwarten, was der Feuerwehrmann sagt.

Um bei der Feuerwehr anzurufen musst du 112 wählen!

5 Magnetismus

- Unser Planet Erde bildet zwischen dem magnetischen Nordpol und dem magnetischen Südpol ein riesiges Kraftfeld.
- Die Magnetnadel eines Kompasses reagiert darauf und richtet sich in Nordrichtung und in Südrichtung aus.
- Wir nutzen an vielen Stellen im Haushalt Magnete, zum Beispiel beim Schließen einer Kühlschranktür.
- Auch elektrische Geräte enthalten Magnete. So speichern zum Beispiel Computer Informationen in winzigen Magnetfeldern.

Die magnetische Kraft

- Ein Magnet besitzt zwei Pole, den Pluspol und den Minuspol.
- Zwischen diesen beiden Polen wirkt eine magnetische Kraft.
  Diese Kraft können wir sichtbar machen.
  Magnete ziehen Eisen und einige andere Metalle an.
  Verschiedene Pole ziehen sich an.
  Gleiche Pole stoßen sich ab. Das kannst du ausprobieren.

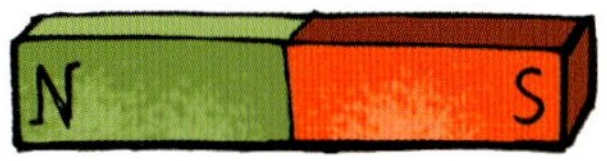

Stabmagnet

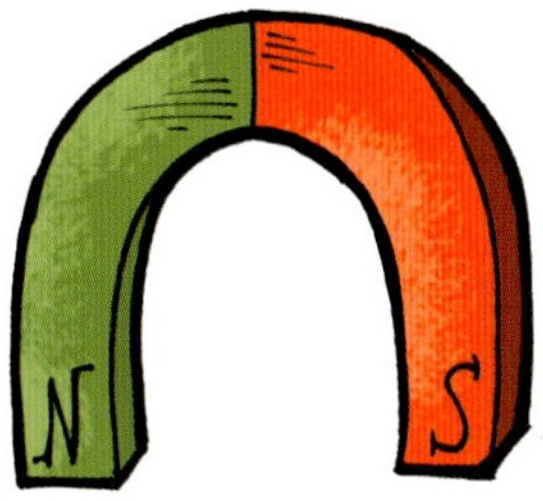

Hufeisenmagnet

Magnetismus und elektrischer Strom

- Mithilfe der Magnetkraft kann man elektrischen Strom erzeugen.
- Im Dynamo deines Fahrrads ist eine Spule aus Kupferdraht (1) an einer drehbaren Achse (2) befestigt.
- Diese Spule ist im Wirkungsbereich eines starken Magneten (3).
- Wenn du dein Fahrrad in Bewegung bringst (A), dreht sich in dem eingeschalteten Dynamo (B) die Spule mit Kupferdraht.
- Durch die Drehbewegung entsteht eine elektrische Spannung.
- Über Stromleitungen (C) gelangt die elektrische Spannung zum Scheinwerfer (D) und zum Rücklicht (E). Dort bringt sie die Glühlampen zum Leuchten.

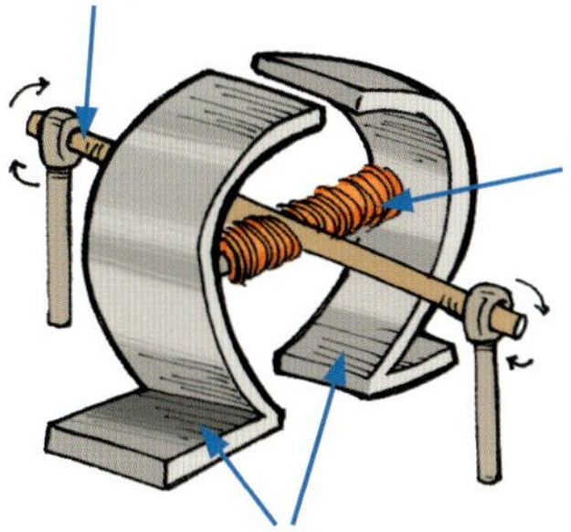

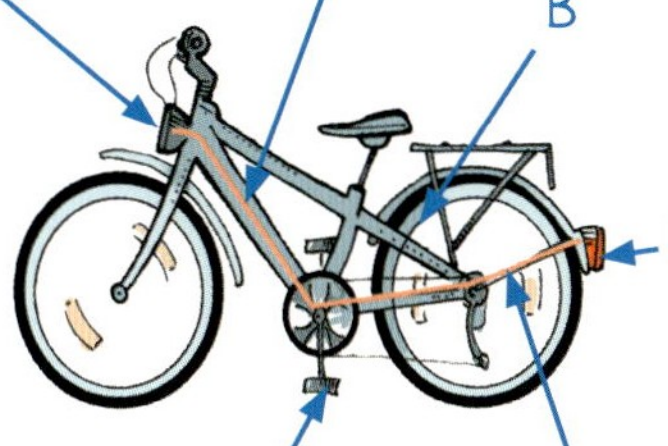

6 Elektrischer Strom

- Unser Alltag ist ohne elektrischen Strom kaum denkbar.
  Wir nutzen den elektrischen Strom auf viele Arten.

Mithilfe des elektrischen Stroms erzeugen wir Wärme und Licht.
Der elektrische Strom setzt Geräte in Bewegung.

Sicherer Umgang mit elektrischem Strom

- Die Nutzung des elektrischen Stroms erleichtert unser Leben.
  Wir müssen aber mit elektrischen Leitungen und Geräten sorgsam umgehen.
- Einige Materialien leiten die Elektrizität gut. Andere Materialien leiten den Strom nicht. Diese Materialien kann man zur Isolierung nutzen. Sie schützen uns vor einem Stromschlag.
- Achte beim Umgang mit elektrischem Strom auf diese Regeln:
  - Elektrische Geräte dürfen nie mit Wasser in Berührung kommen. Wasser leitet den elektrischen Strom.
  - Vorsicht bei beschädigten Leitungen. Eine Berührung kann lebensgefährlich sein.
  - Eine elektrische Glühlampe soll nur ausgewechselt werden, wenn der Stecker herausgezogen ist oder wenn die Sicherung ausgeschaltet ist.

Leiter: alle Metalle (Silber, Kupfer, Eisen, Blei, Aluminium ...), Wasser, der menschliche Körper, Graphit (Bleistiftmine) ...
Nichtleiter: Glas, Porzellan, Papier, Gummi, Kork, Kunststoff ...

Nichtleiter werden als Isolatoren bezeichnet.

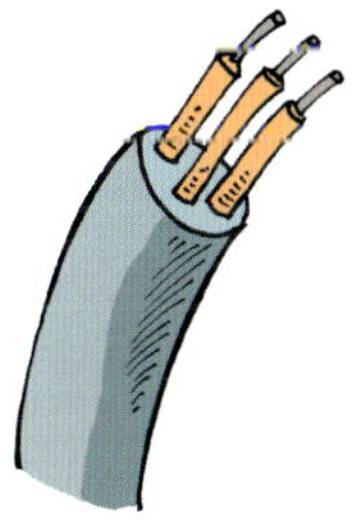

Die drei Kupferdrähte in diesem Kabel leiten den elektrischen Strom. Die bunten Hüllen sind aus Kunststoff und isolieren die Drähte gegeneinander. Die weiße Kunststoffhülle hält die Drähte zusammen und isoliert.

Der Stromkreis

- Wenn Elektrizität fließt, sprechen wir von elektrischem Strom oder von einem Stromkreis.
- Elektrizität kann nur fließen, wenn ein Stromkreis geschlossen ist.
  Das kannst du ausprobieren. Verwende dabei aber nie Strom aus der Steckdose! Er ist lebensgefährlich!
- Befestige mit Krokodilklemmen (1) oder mit Büroklammern Leitungen (2) an einer Flachbatterie (3). Die Flachbatterie gibt nur 4,5 Volt elektrischen Strom ab. Die anderen Enden der beiden Leitungen werden an der Fassung (4) des Glühlämpchens (5) befestigt.
  Wenn der Stromkreis geschlossen ist, leuchtet das Glühlämpchen.

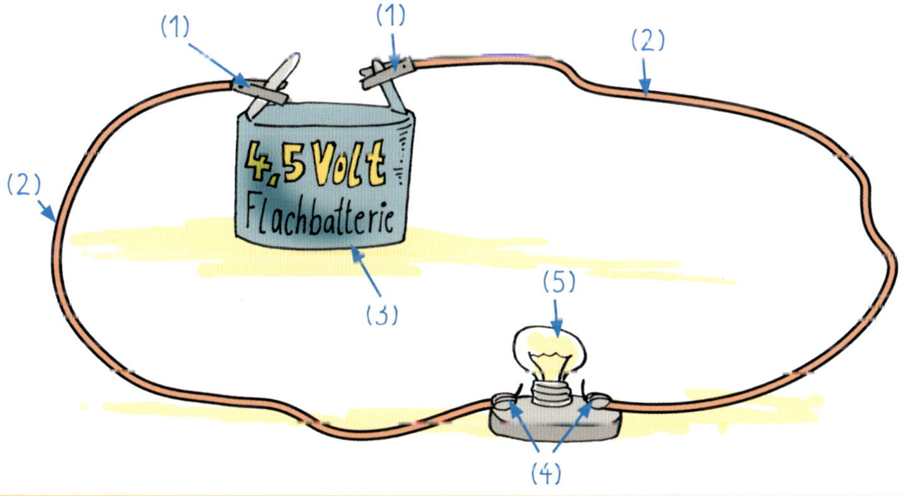

7 Energie

- Das Wort Energie wird häufig verwendet. Man sagt, jemand hat viel Energie. Einige Getränke nennen sich Energiegetränke.
- Wenn du arbeitest oder spielst, immer wenn du etwas tust, dann brauchst du dafür Energie. Energie ist die Fähigkeit, Arbeit zu verrichten.

Woher kommt die elektrische Energie?

- Dein Körper holt sich die Energie aus deiner Nahrung, aus dem, was du isst und trinkst. Elektrischer Strom liefert uns Energie, die wir für verschiedene Zwecke nutzen: Licht, Wärme und Bewegung.
- Diese elektrische Energie kommt aus Kraftwerken, über Leitungen wird sie bis zu den Steckdosen in unserer Wohnung geleitet. Unterschiedliche Quellen ermöglichen den Kraftwerken, diese Energie zu gewinnen.
- Im Wasserkraftwerk versetzt Wasserkraft Turbinen (1) in eine Drehbewegung. Durch diese Drehbewegung wird in Generatoren (2) elektrische Energie gewonnen. Sie arbeiten ähnlich wie der Generator an deinem Fahrrad, sind aber viel größer.
- Im Dampfkraftwerk wandeln Turbinen und Generatoren Dampf in elektrische Energie um. Der Wasserdampf wird unterschiedlich erzeugt:
  - In Kohlekraftwerken entsteht er durch das Verbrennen von Kohle.
  - Auch die Verbrennung von Erdöl oder Gas erzeugt Dampf.
  - Im Kernkraftwerk wird der Dampf durch die Wärme der Kernspaltung erzeugt. Dabei entstehen gefährliche Strahlungen, die nicht nach außen gelangen dürfen.
- Auf vielen Hausdächern kann man Solarzellen sehen. Sie nutzen die Wärmestrahlen der Sonne um elektrische Energie zu gewinnen.
- Windkraftanlagen nutzen die Kraft des Windes zur Stromgewinnung. Im Inneren dieser Anlagen treiben die Rotoren Turbinen und Generatoren an.

Wasserkraftwerk:

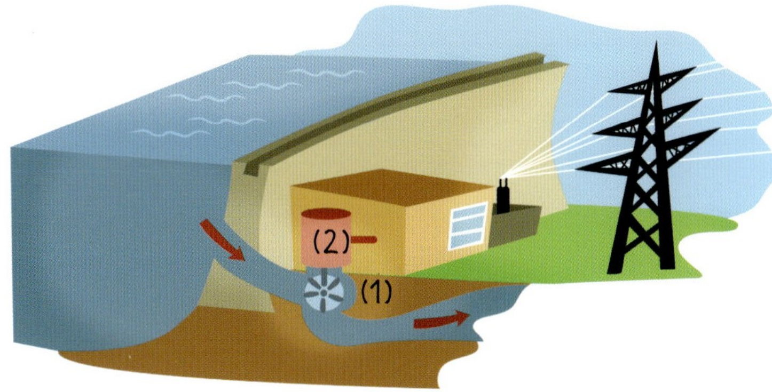

Kohlekraftwerk:

Wasser wird zu Wasserdampf erhitzt (4) und treibt eine Turbine (5) an.

Der Wasserdampf wird zu Wasser abgekühlt (7).

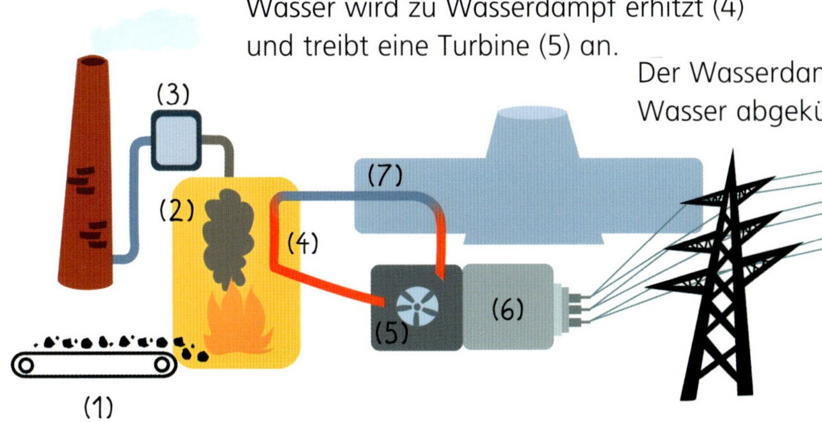

Die Kohle (1) wird im Brennofen (2) verbrannt, der Rauch gefiltert (3).

Die Turbine bewegt den Generator, der elektrische Energie erzeugt (6).

8 Technik

Technik früher und heute

- Einige Geräte, die wir im Haushalt verwenden, gibt es schon seit mehr als 1000 Jahren. Im Laufe der Zeit haben sie sich verändert. Ein Beispiel dafür ist ein einfacher Rührlöffel aus Holz. Die Bilder auf der rechten Seite zeigen dir, wie er sich im Laufe der Zeit bis zu einem elektrischen Rührgerät weiter entwickelte.

Das Rad

- Eine der wichtigsten Erfindungen der Menschheit ist das Rad. Wir wissen nicht, wie lange es her ist, dass ein Mensch auf die Idee kam, zwei Baumscheiben an den beiden Enden eines Holzstammes zu befestigen. So wurden das Rad und die Achse erfunden.
- Im Laufe der Zeit wurde das Rad verbessert. Die Scheibe wurde durch ein Rad mit mehreren Teilen ersetzt. Dadurch zerbrach das Rad nicht so leicht.
  - Ein Eisenring um das Holzrad machte es haltbarer.
  - Das Speichenrad war leichter und machte das Rad schneller.
  - Ein mit Luft gefüllter Reifen sorgte dafür, dass man die unebenen Wege weniger spürte.
- Räder brauchen wir nicht nur für Fahrzeuge. Viele Geräte, zum Beispiel Uhren oder Abspielgeräte für Musik, enthalten in ihrem Inneren Räder.

Rad aus einer Baumscheibe

Rad aus mehreren Holzteilen

mit Eisen beschlagenes Speichenrad

mit Luft gefüllter Reifen

Werkzeuge

- Viele verschiedene Werkzeuge helfen uns bei unterschiedlichen Tätigkeiten. Dies sind drei Beispiele:
  - Mit dem Schraubendreher drehen wir Schrauben in Wände oder in Bretter und entfernen sie wieder.
  - Der Hammer hilft uns, Nägel einzuschlagen.
  - Mit einer Zange können wir Nägel wieder herausziehen.

Kreuzschraubendreher

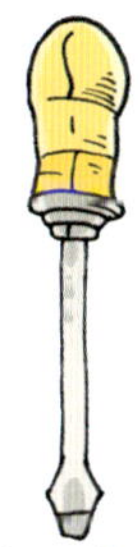

Schlitzschraubendreher

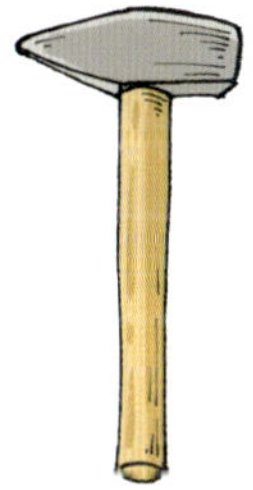

Hammer

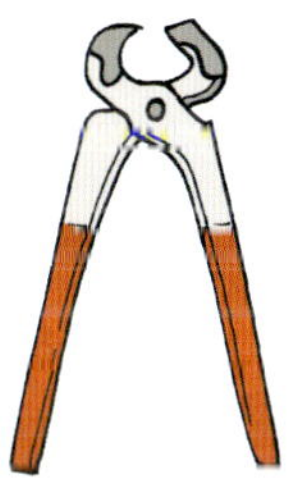

Zange

9 Versorgung und Entsorgung

Wasserverbrauch

- Für uns ist es normal, dass Wasser fließt, wenn man den Wasserhahn aufdreht. Das ist aber nicht überall so, in vielen Teilen der Welt ist Wasser etwas Kostbares. In Zeiten der Trockenheit gibt es dort nur noch in wenigen Brunnen Wasser. Oft muss man kilometerweit dorthin laufen und das Wasser holen.
- Trinkwasser ist unser wichtigstes Lebensmittel. Wir dürfen es nicht unnötig verschmutzen und sollten es sparsam nutzen.

Trinkwassergewinnung

- Das Regenwasser sickert in die Erde, bis es auf Lehm oder festes Gestein trifft. Hier kann es nicht tiefer eindringen und sammelt sich als Grundwasser.
  Unser Trinkwasser wird meist aus Grundwasser (1) gewonnen, manchmal stammt es auch aus Quellen oder Gewässern.
- Mithilfe von Rohren und Pumpen wird das Grundwasser in einen Brunnenschacht (2) transportiert.
  Von dort wird es in das Wasserwerk (3) weitergeleitet.
- Im Wasserwerk wird das Wasser gereinigt und zu Trinkwasser aufbereitet.
- Rohre und Pumpen (4) leiten das Wasser in unsere Wohnungen (5).

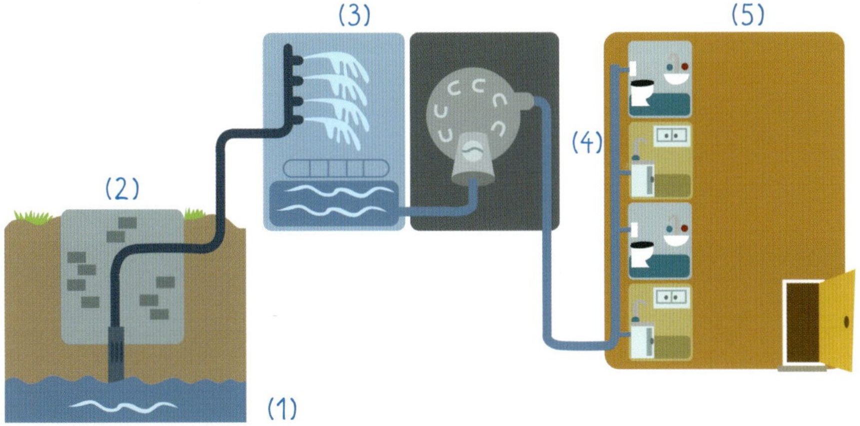

Abwasser

- Früher wurde das Schmutzwasser in den nächsten Bach oder Fluss geleitet. Heute fließt es durch Abwasserkanäle zum nächsten Klärwerk. Dort wird das Abwasser in mehreren Stationen gereinigt.
- Im Rechenhaus (1) bleiben grobe Abfallstoffe im Rechen hängen.
- Im Sandfang (2) schwimmen Fette und Öle oben und werden entfernt.
- Die übrig gebliebenen festen Teile setzen sich im Vorklärbecken (3) auf dem Boden ab.
- In den Reinigungsbecken (4) sind Bakterien. Diese winzigen Lebewesen ernähren sich von den Schmutzstoffen.
- Im Nachklärbecken (5) setzt sich der restliche Schmutz als Schlamm ab.

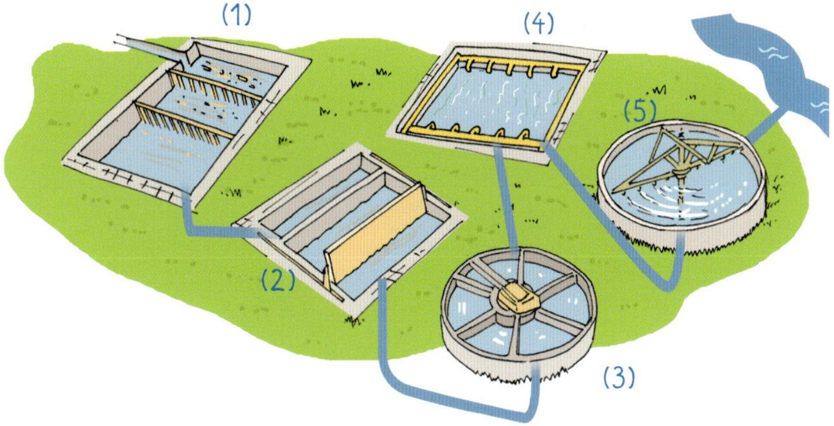

10 Arbeit

Lohnarbeit/Heimarbeit (Haushalt)/ehrenamtliche Arbeit

- In den meisten Berufen bekommen die Menschen für ihre Arbeit Geld.
- Menschen arbeiten aber auch, ohne Geld dafür zu bekommen.
  Im Haushalt einer Familie helfen alle mit, verschiedene Arbeiten zu erledigen.
- Einige Menschen arbeiten **ehrenamtlich** in einem Verein oder in der Gemeinde. Ehrenamtlich bedeutet, dass sie für ihre Tätigkeit kein Geld bekommen.

Zwei Beispiele für ehrenamtliche Tätigkeiten:

Trainer in einem Sportverein

Mitglieder der freiwilligen Feuerwehr

Produktion/Dienstleistung

- Es gibt Berufe, in denen Menschen etwas **herstellen** oder **verarbeiten**.
- In anderen Berufen leisten Menschen **Dienste für andere Menschen**.

Die Bäckerin oder der Bäcker stellen Brote und Gebäck her.

Der Arbeiter in einem Sägewerk verarbeitet Baumstämme zu Brettern.

Die Krankenschwester betreut kranke Menschen.

Der Kellner bedient Gäste in einem Restaurant.

Bedeutung der Arbeit und Arbeitslosigkeit

- Die Menschen arbeiten, um Geld zu verdienen. Sie arbeiten aber auch, um etwas Sinnvolles für sich und für andere zu tun:
  - Der Maurer erbaut Häuser, in denen wir leben können.
  - Die Polizistin sorgt dafür, dass wir sicher leben können.
- Manchmal verlieren Menschen ihre Arbeit. Dies passiert zum Beispiel, wenn eine Fabrik geschlossen wird. Der oder die Arbeitslose geht dann zur Bundesagentur für Arbeit. Dort hilft man ihm oder ihr, woanders eine Arbeit zu bekommen. In einigen Fällen hilft man dem Menschen, einen anderen Beruf zu erlernen. Arbeitslosigkeit ist ein Problem für den oder die Arbeitsuchende, manchmal auch für die ganze Familie.
  Zwar bekommen Arbeitssuchende Geld von der Bundesagentur für Arbeit, aber weniger, als sie zuvor verdient haben.

Kinderarbeit

Kinderarbeit ist verboten. In vielen Ländern halten sich die Menschen aber nicht daran. Anstatt in der Schule lesen und schreiben zu lernen, arbeiten Kinder dort in Fabriken. Sie nähen zum Beispiel Fußbälle zusammen oder knüpfen Teppiche.

RUGMARK

Einige Waren, die wir kaufen können, tragen besondere Kennzeichen. Dieses Zeichen findet man auf manchen Teppichen. Es bedeutet, dass der Teppich nicht von Kindern hergestellt wurde.

FAIRTRADE

„Fairtrade" bedeutet „gerechter Handel". Die Menschen, die dieses Produkt herstellten, wurden angemessen dafür bezahlt.

11 Wald (1)

- Der Wald ist eine Gemeinschaft vieler verschiedener Tiere und Pflanzen.
- Jede Pflanze und jedes Tier erfüllt eine bestimmte Aufgabe für die Gemeinschaft.
  Ein Lebewesen kann nicht ohne andere Lebewesen leben.
  Das gilt nicht nur für Tiere und Pflanzen, sondern auch für Menschen.

Bedeutung des Waldes für Menschen, Tiere und Pflanzen

- Der Wald hat eine große Bedeutung für Menschen, Tiere und Pflanzen.

Um den Wald zu schützen, müssen wir einige wichtige Regeln beachten:
- Wir beschädigen keine Pflanzen.
- Wir stören keine Tiere.
- Wir entzünden kein Feuer.
- Wir hinterlassen keine Abfälle.
- Wir vermeiden Lärm.
- Wir lassen Hunde an der Leine.

Menschen erfreuen sich an der Schönheit des Waldes.

Wir nutzen das Holz des Waldes.

Die Bäume nehmen das für uns giftige Gas Kohlendioxid aus der Luft auf und wandeln es um in das für uns wichtige Gas Sauerstoff.

Auf den Pflanzen des Waldes lagert sich Staub aus der Luft ab.
Der Regen wäscht ihn ab, so wird die Luft gereinigt.

Das Regenwasser sickert durch den Waldboden und wird dort wie durch einen Filter gereinigt und gespeichert. Das Wasser sickert über unterirdische Wasserläufe zu unseren Trinkwasserquellen.

Tiere finden im Wald Nahrung. Der dichte Wald bietet ihnen Nistplätze und Schutz vor Feinden.

Der Wald als Wasserspeicher ermöglicht vielen Pflanzen einen Lebensraum.

Die verschiedenen Stockwerke des Waldes bieten unterschiedlichen Pflanzen für sie geeignete Lebensräume.

Laubbäume/Nadelbäume

- Es gibt bei uns reine **Laubwälder** und reine **Nadelwälder**.
  Häufig aber sind es **Mischwälder**, die aus Nadelbäumen und Laubbäumen bestehen.
- **Laubbäume**, die man häufig in unseren Wäldern antrifft, sind zum Beispiel die Eiche und die Buche.
- Die wichtigsten **Nadelbäume** sind die Tanne, die Fichte, die Kiefer und die Lärche.

Die Stockwerke des Waldes

- Viele Wälder kann man mit einem Haus vergleichen, das aus verschiedenen Stockwerken besteht.
- Die **Wurzelschicht** (Keller) besteht aus den unterirdischen Wurzeln der Pflanzen. Hier leben Kleintiere wie der Regenwurm. Größere Tiere, wie zum Beispiel der Dachs, graben in der Wurzelschicht ihren Bau.
- In der **Bodenschicht** (Erdgeschoss) wachsen Pilze, Flechten und Moose. Der Boden ist oft von herabgefallenen Blättern und Nadeln bedeckt. Hier leben zum Beispiel Schnecken, Mäuse, Eidechsen oder Spinnen.
- Die **Krautschicht** (1. Stock) besteht zum Beispiel aus Farnen und Gräsern. Hier leben unter anderem Käfer, Schmetterlinge oder Bienen.
- Die **Strauchschicht** (2. Stock) kann bis zu fünf Meter hoch wachsen. Hier gibt es Holunder, Brombeeren oder Haselnusssträucher. Rehe finden hier ihren Lebensraum, einige Vogelarten bauen hier ihre Nester.
- Die **Baumschicht** (Dachgeschoss) bildet das Dach des Waldes. Sie besteht aus Laub- und Nadelbäumen. Hier leben Vogelarten wie Specht oder Eule. Auch Säugetiere wie das Eichhörnchen leben hier.

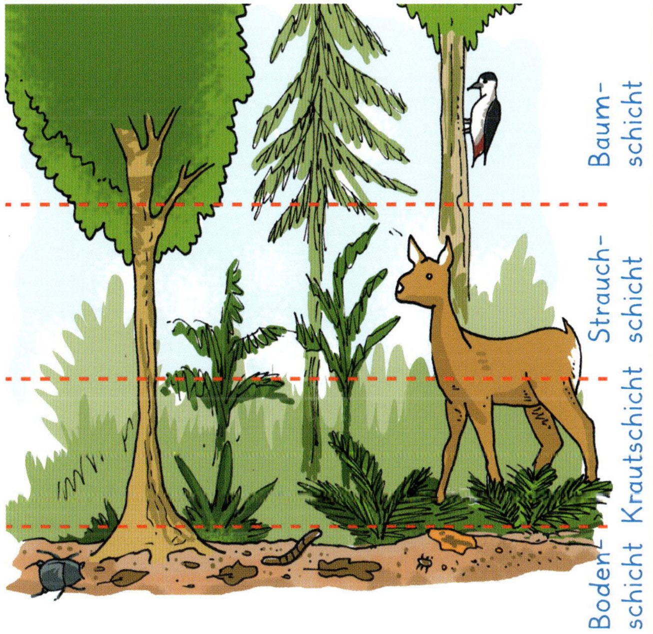

Zwei typische Waldbewohner

- Der **Fuchs** lebt meist in Wäldern, aber immer häufiger sieht man ihn auch in von Menschen besiedelten Gebieten. In der Dunkelheit gehen Füchse auf Nahrungssuche, sie ernähren sich hauptsächlich von Mäusen, Schnecken oder Würmern.
- Füchse sind Säugetiere. Die **Fähe**, das Muttertier, bringt im Frühjahr drei bis sieben Junge in ihrem Bau zur Welt.
- Die **Ameise** ist ein Insekt. Ameisen sind wichtig für den Wald, sie beseitigen tote Kleintiere und verbessern den Waldboden.
- Ameisen leben in großen Gemeinschaften zusammen. Ihre Nester können bis zu zwei Meter hoch werden. Darin leben bis zu 600.000 Ameisen. Die Ameisenköniginnen legen Eier (1), aus denen später Larven schlüpfen (2). Die Larven werden von den Ameisenarbeiterinnen gefüttert, bis sie sich verpuppen. Aus den Puppen schlüpfen neue Ameisen (3).

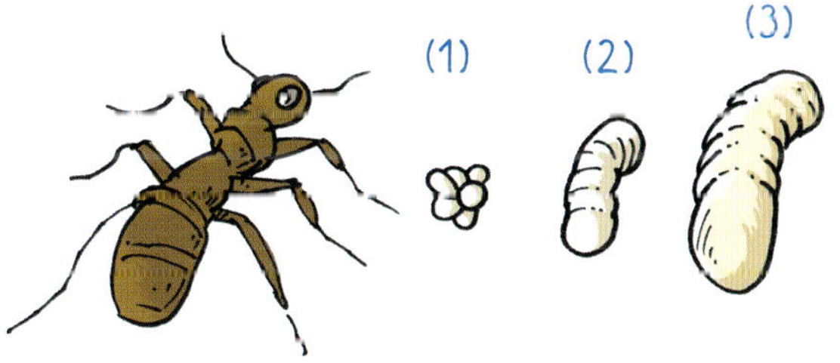

13 Lebensraum Wasser

- Jedes Tier und jede Pflanze braucht ihren besonderen Lebensraum. Dort können sie wachsen und sich vermehren.
- Es gibt Tiere, die am Wasser leben (zum Beispiel Libellen) und Tiere, die im Wasser leben (zum Beispiel Fische).

Anpassung: die Stockente

- Enten können schwimmen und tauchen, laufen und fliegen.
  Sie können auf dem Land und im Wasser leben.
  Die häufigste bei uns am Wasser lebende Entenart ist die Stockente.
  Ihr Körper ist für das Leben im Wasser besonders geeignet.
- Die kahnförmige Körpergestalt ermöglicht der Stockente, sicher zu schwimmen.
  Die Schwimmhäute zwischen ihren Zehen wirken wie Ruder.
- Mit ihrem Schnabel kann sie unter Wasser Nahrung gut aufnehmen.
  Sie gründelt, das heißt, sie taucht mit dem Kopf voran unter Wasser.
  Ihr Schnabel hält dabei Nahrungsteilchen wie in einem Sieb fest.
- Die Daunenfedern halten die Ente warm. Die darüberliegenden
  Deckfedern werden von der Bürzeldrüse in ihrem Schnabel eingefettet.
  Das Fett verhindert, dass Wasser in das Gefieder eindringen kann.

Stockente und Erpel

Entenfuß mit Schwimmhaut

gründelnder Erpel

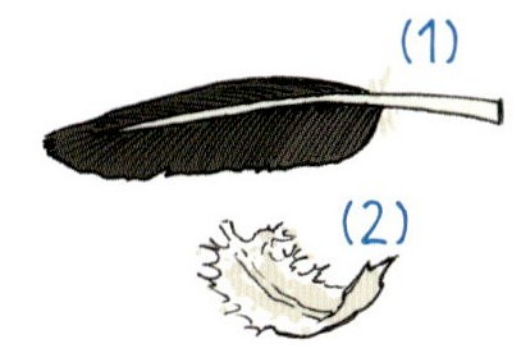

Deckfeder (1)/ Daunenfeder (2)

Lebenszyklus: der Frosch

- Während ihrer Entwicklung wandeln sich Frösche vom Wassertier zum Landtier.
- Im Frühling legen die Weibchen ihren Laich im Wasser ab. Ein Klumpen Froschlaich besteht aus etwa 4000 Eiern. Nach mehreren Tagen schlüpfen aus den Eiern kleine Kaulquappen. Den Sauerstoff nehmen sie mit ihren Kiemen aus dem Wasser auf.
- Nach einigen Wochen verwandeln sie sich von einem Wassertier zum Landtier.
  Sie werfen ihre Schwänze ab, die Kiemen verschwinden und es bilden sich Vorderbeine und Hinterbeine.
- Die Frösche haben Lungen und müssen zum Atmen an die Wasseroberfläche.
- Den Winter verbringen die Frösche in **Winterstarre** in einem frostsicheren Versteck.
  In der Winterstarre sinkt die Körpertemperatur und die Frösche nehmen in dieser Zeit keine Nahrung zu sich.

Laich

Kaulquappe vor dem Schlüpfen

Kaulquappe

Kaulquappe mit Hinterbeinen

Frosch mit Schwanz

Frosch

Schwangerschaft und Geburt

- Bevor ein Kind geboren wird, wächst es neun Monate lang im Leib der Mutter heran. Im Bauch der Mutter ist eine Fruchtblase, die mit Fruchtwasser gefüllt ist. Darin bewegt sich das Kind, das durch das Fruchtwasser vor Stößen geschützt ist
- Das Kind kann noch nicht essen oder atmen. Es ist mit der Mutter durch die Nabelschnur verbunden. Durch die Nabelschnur gelangen Nährstoffe und Sauerstoff von der Mutter zu ihrem Kind.
- Nach einem Monat ist das Kind so groß wie ein Stecknadelkopf.
- Im dritten Monat macht es seine ersten Bewegungen.
- Nach fünf Monaten ist das Kind etwa 20 Zentimeter groß.
- Wenn das Kind nach sieben Monaten geboren würde, könnte es schon außerhalb des Mutterleibes überleben.
- Nach neun Monaten wird das Kind durch die Scheide der Mutter geboren.

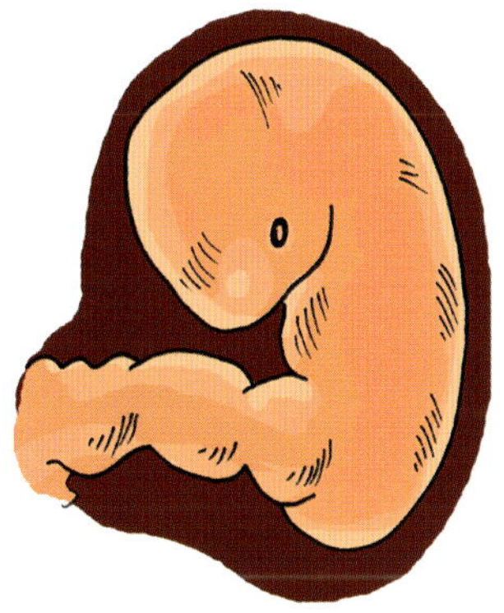

Embryo
2. Monat
(5-6 Wochen)

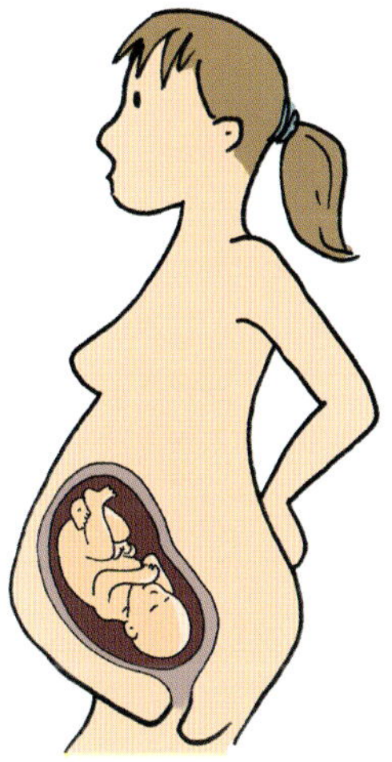

Querschnitt
9. Monat

Aus Mädchen werden Frauen, aus Jungen werden Männer

- Nach etwa zehn bis fünfzehn Jahren beginnen Kinder sich zu verändern. Sie entwickeln sich zu einem Jugendlichen, später zu einem Erwachsenen. Diese Zeit der Veränderungen dauert mehrere Jahre. Man nennt sie Pubertät.
- Die Kinder werden geschlechtsreif, das bedeutet, Mädchen könnten Kinder bekommen und Jungen Kinder zeugen.
- In der Pubertät verändern Mädchen und Jungen sich äußerlich, die wichtigsten Veränderungen finden aber im Inneren des Körpers statt:
  - Im Unterleib der Mädchen befinden sich die Eierstöcke. Wenn Mädchen geschlechtsreif werden, wächst dort alle 28 Tage eine Eizelle heran. Eine nicht befruchtete Eizelle wird zusammen mit Blut durch die Scheide ausgeschieden. Das nennt man Menstruation.
  - In den Hoden der Jungen bilden sich während der Pubertät Samenzellen.
  - In der Pubertät verändern sich auch die Gefühle von Mädchen und Jungen. Sie möchten nicht mehr wie Kinder behandelt werden.

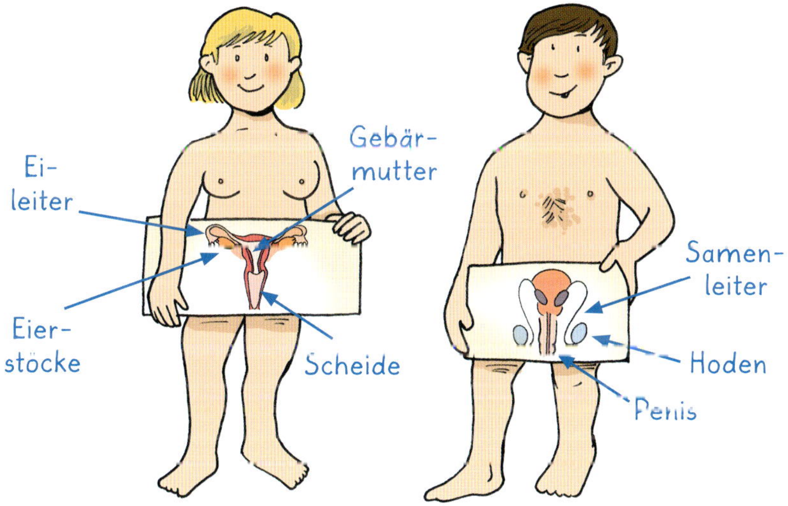

15 Mensch (2)

Die Atmung

- Um leben zu können, braucht unser Körper **Sauerstoff**. Der Sauerstoff ist ein Gas, das in der Luft enthalten ist.
- Wir atmen den Sauerstoff durch die Nase und durch den Mund ein. Beim Einatmen dehnt sich unser Brustkorb aus.
- Der Sauerstoff gelangt über die **Luftröhre** in die **Lunge**. In der Lunge verzweigen sich die Atemwege in immer kleiner werdende Verästelungen. Am Ende dieser Verästelungen sind kleine Bläschen. Sie sehen aus wie winzige Ballons. In den beiden Flügeln der Lunge befinden sich etwa 400 Millionen (400 000 000) dieser Lungenbläschen.
- Über die Lungenbläschen gelangt der Sauerstoff in das Blut. Wenn du ausatmest, zieht sich dein Brustkorb zusammen. Die verbrauchte Luft entweicht dann durch Mund und Nase.

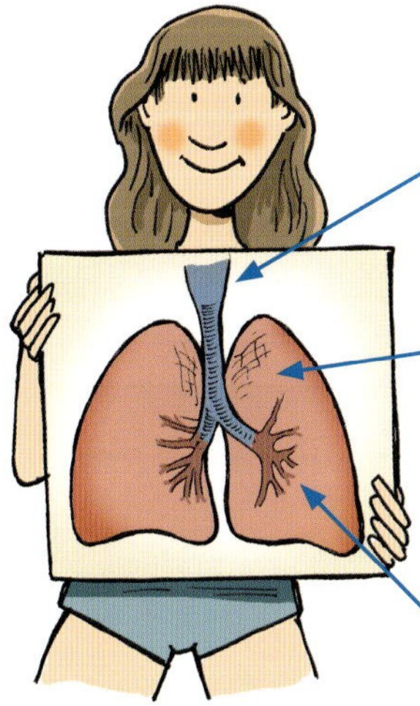

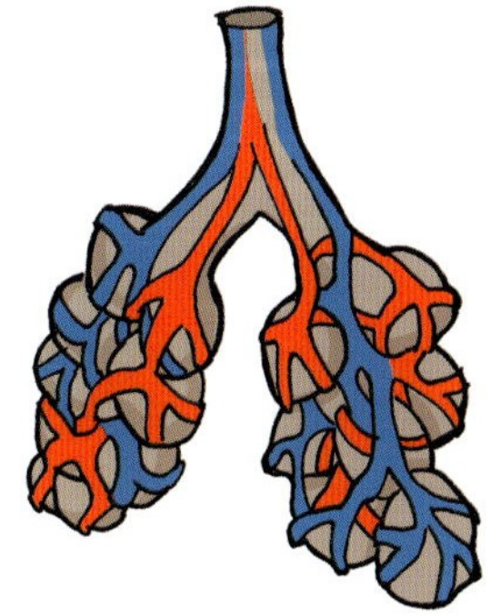

Das Herz

- Über die Lunge gelangt der Sauerstoff in das Blut.
- Alle Organe und Körperteile müssen ständig mit Sauerstoff versorgt werden. Dafür sorgt unser Herz, das das Blut ständig durch den Körper pumpt.
- Das Herz ist ein kräftiger Muskel, der wie eine doppelte Pumpe wirkt. Es ist etwa so groß wie deine Faust. Weil es dein ganzes Leben lang Schwerstarbeit verrichtet, ist es fest und elastisch gebaut.
- Die Blutgefäße, durch die das Herz das Blut durch den Körper pumpt, heißen **Arterien**. Die Blutgefäße, durch die das Blut zurück in Richtung Herz fließt, heißen **Venen**.
- Das Fließen des Blutes in den Arterien kannst du an einigen Stellen deines Körpers spüren. Den Pulsschlag kannst du zum Beispiel an deinem Handgelenk fühlen und messen.

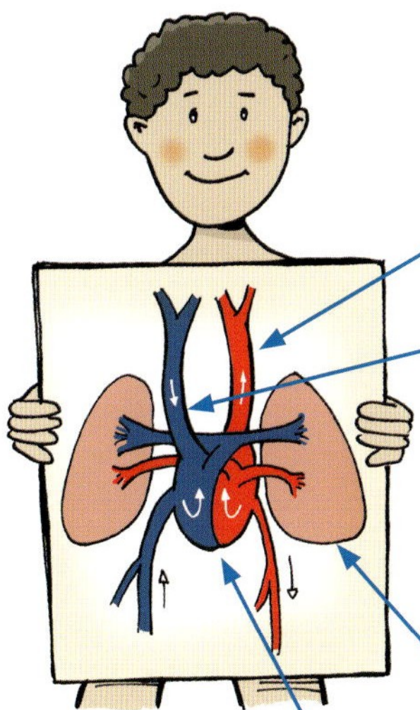

So kannst du deinen Puls fühlen:

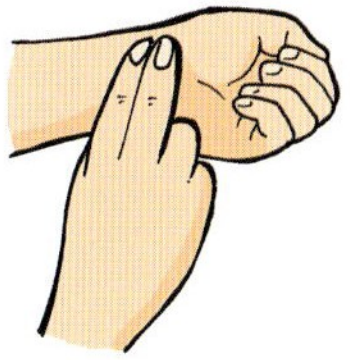

16 Mensch (3)

- Damit du gesund bleibst und dich wohl fühlst, kannst du selbst eine Menge tun.

Du kannst dich gesund ernähren.

Du kannst deinen Körper pflegen.

Du kannst dich dem Wetter entsprechend kleiden.

Du kannst dich oft im Freien bewegen und Sport treiben.

Du kannst auf dich acht geben und gefährliche Dinge vermeiden.

Gesunde Ernährung

- Unser Körper braucht **Nährstoffe**, damit wir gesund leben und wachsen können. Lebensmittel enthalten verschiedene Nährstoffe, die wir in sieben Gruppen einteilen. Jede Gruppe ist wichtig. Alle zusammen tragen dazu bei, dass es uns gut geht. Nimm täglich aus jeder dieser Gruppen etwas zu dir, aber nicht zu viel von einer Sorte.
- Obst und Gemüse sind besonders wichtig. Nimm nur wenig Fett und Süßigkeiten zu dir. Verteile dein Essen auf mehrere kleine Mahlzeiten.

(1) Getreide/Kartoffeln
(2) Gemüse
(3) Obst
(4) Milchprodukte
(5) Getränke
(6) Fette
(7) Fisch, Fleisch, Eier

Der Weg der Nahrung im Körper

- Je nachdem, was wir gegessen haben, kann der **Verdauungsvorgang** unterschiedlich lange dauern. Leichte Speisen, wie zum Beispiel Gemüse, verbleiben etwa zwei bis drei Stunden im Magen. Für fette Speisen benötigt der Magen acht bis zehn Stunden.
- Wir zerkleinern die Nahrung mit unseren **Zähnen** (1), beim Kauen vermischt sich die Nahrung mit Speichel. Der dabei entstehende Nahrungsbrei rutscht durch die **Speiseröhre** (2) in den **Magen** (3). Im Magen kommen Magensäfte hinzu. Sie helfen, die Nahrung zu vermischen und zu verreiben.
- Ein paar Stunden später gelangt der Nahrungsbrei weiter in den **Dünndarm** (4). Dieser ist etwa sechs Meter lang, durch seine Wände gelangen die in der Nahrung enthaltenen Nährstoffe in den Körper.
- Der **Dickdarm** (5) ist etwa zwei Meter lang. Er saugt die in dem Brei enthaltene Flüssigkeit auf. Am Ende des Dickdarms ist ein kleiner Wurmfortsatz, der Blinddarm (6).
- Über den **Mastdarm** (7) wird der Rest ausgeschieden.

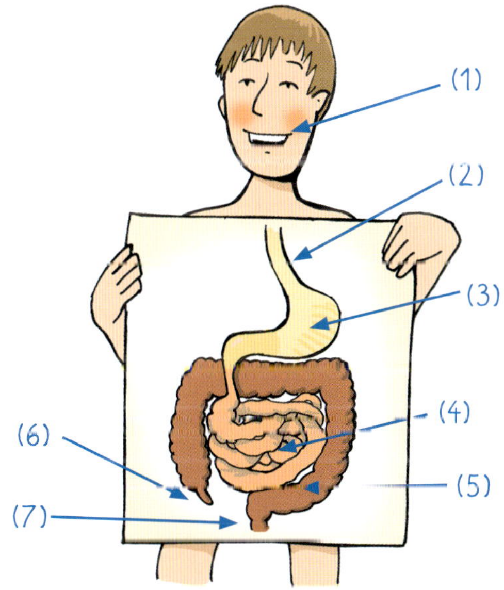

17 Miteinander leben

Klassenrat/ Klassensprecherin oder Klassensprecher

- In einigen Klassen trifft sich regelmäßig ein Klassenrat. Daran nehmen alle Schülerinnen und Schüler der Klasse teil.
- Im Klassenrat kann man Vorschläge sammeln und besprechen. Man kann auch über Streitigkeiten reden und Lösungen dafür suchen.
- Als Sprecherin oder Sprecher für die ganze Klasse wählen die Kinder einer Klasse eine Klassensprecherin oder einen Klassensprecher.
- Alle Kinder können Vorschläge machen, die gesammelt werden. Für die Wahl selbst solltet ihr so vorgehen, wie in der Gemeinde, einem Bundesland oder unserem ganzen Land gewählt wird:

- allgemein — Alle Schülerinnen und Schüler eurer Klasse dürfen an der Wahl teilnehmen.
- gleich — Die Stimmen aller Wähler zählen gleich viel.
- frei — Niemand ist gezwungen, für eine bestimmte Person zu stimmen.
- geheim — Die anderen dürfen nicht sehen, welchen Namen du auf deinen Stimmzettel schreibst.
- unmittelbar — Die Klassensprecherin oder der Klassensprecher wird durch die Namen auf den Stimmzetteln direkt gewählt.

Richtiges Verhalten bei Verletzungen

- Wenn jemand eine kleinere Verletzung hat, kannst du helfen.

Hilf dem Verletzten schnell. Rede mit ihm und bleibe ruhig. Berühre die Wunde nicht, wasche sie nicht aus. Du kannst die Wunde mit keimfreiem Verbandsmaterial verbinden.

- Zeige jede Verletzung einem Arzt oder einem Erwachsenen.
- Wenn du die Notrufnummer 112 wählst, beachte die fünf W's.
  - Wo ist der Unfallort?
  - Was ist geschehen?
  - Wie viele Verletzte gibt es?
  - Welche Verletzungen konntest du feststellen?
  - Warte auf Rückfragen!

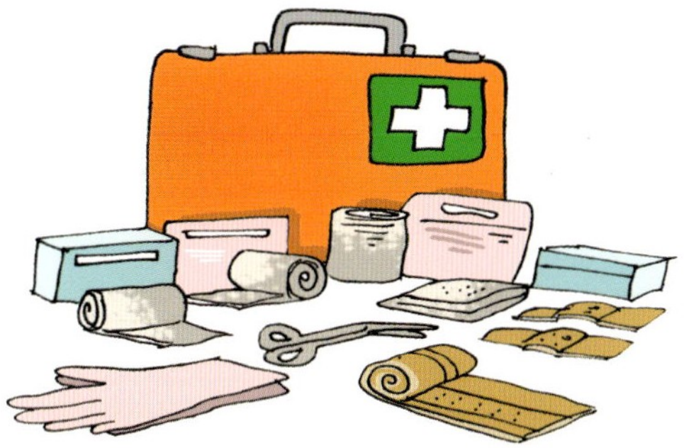

18 Feste

Weihnachten

- In vielen Ländern der Welt feiern die Menschen Weihnachten.
  Aber nicht alle feiern dieses Fest wie wir in Deutschland.
- In England hängen die Kinder am Abend des 24. Dezember Strümpfe am Kamin auf.
  In der Nacht zum 25. Dezember werden sie mit Geschenken und Süßigkeiten gefüllt.
- In Schweden werden die Geschenke vom Jultomte mit dem Schlitten gebracht.
  Viele Schweden stellen Freunden Geschenke vor die Tür und verschwinden unentdeckt.
- In Spanien trifft sich an Heiligabend die ganze Familie zu einem Festessen.
  Die Geschenke bringen die Heiligen Drei Könige erst am 6. Januar.

Jultomte

Strümpfe am Kamin

Andere Religionen – andere Feste

- Christen feiern an Weihnachten die Geburt von Jesus Christus.
- In anderen Religionen gibt es andere Feste. Muslime feiern das Ende der Fastenzeit.
  Im Fastenmonat Ramadan dürfen die gläubigen Muslime vom Sonnenaufgang bis zum Sonnenuntergang nichts essen.
  Nur Kranke, Kinder und schwangere Frauen sind davon befreit.
  Das Ende der Fastenzeit wird mit dem Zuckerfest gefeiert.
  Die Kinder bekommen dann Geschenke und Süßigkeiten.

Stall und Krippe in Bethlehem

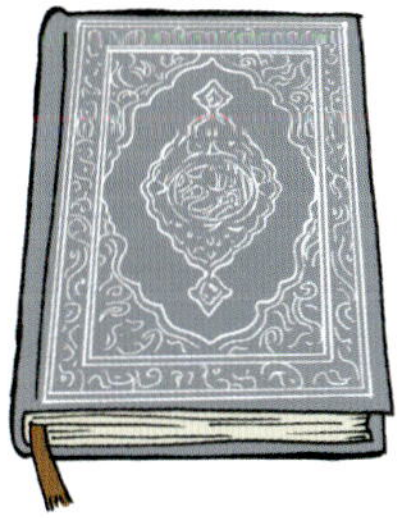

der Koran

Andere Länder – andere Bräuche

- In anderen Ländern gibt es andere Bräuche.
  So begrüßen sich zum Beispiel die Menschen auf unterschiedliche Art.
- In Deutschland gibt man sich zur Begrüßung die Hand.
  Einige Menschen nehmen sich zur Begrüßung in den Arm.
- In Japan gibt man sich nicht die Hand zur Begrüßung.
  Dort begrüßt man sich mit einer Verbeugung.
- Die Maori leben in Neuseeland.
  Sie begrüßen sich, indem sie ihre Nasen aneinander drücken.

Japaner begrüßen sich mit einer Verbeugung.

Maori drücken ihre Nasen andeinander.

19 Orientierung/Kartenkunde

Karten

- Karten helfen uns, uns in einer Stadt oder auf dem Land zurechtzufinden. Dazu muss man die Kartenzeichen verstehen.
- Die Kartenzeichen werden auch Legende genannt. Die Legenden verschiedener Karten sind sehr unterschiedlich, je nachdem, ob man einen Stadtplan oder zum Beispiel eine Wanderkarte betrachtet.
  - Es gibt Zeichen für Straßen, Wege und Schienenwege.
  - Es gibt Zeichen für Wasserwege und Gewässer.
  - Es gibt Zeichen für Orte und Häuser, Wälder und Wiesen.
  - Es gibt Zeichen für besondere Gebäude, zum Beispiel Kirchen.
  - Höhenlinien und Farben zeigen an, ob eine Gegend flach oder bergig ist.

Maßstäbe

- Karten stellen die Wirklichkeit verkleinert dar. Wie sehr sie die Wirklichkeit verkleinern, zeigt uns ihr Maßstab.
- Maßstab 1:1000 bedeutet: 1 cm auf der Karte entspricht in der Wirklichkeit 1000 Zentimeter oder 10 Meter.
- Maßstab 1:1 000 000 bedeutet: 1 cm auf der Karte entspricht in der Wirklichkeit 1 Million Zentimeter oder 10 000 Meter oder zehn Kilometer.

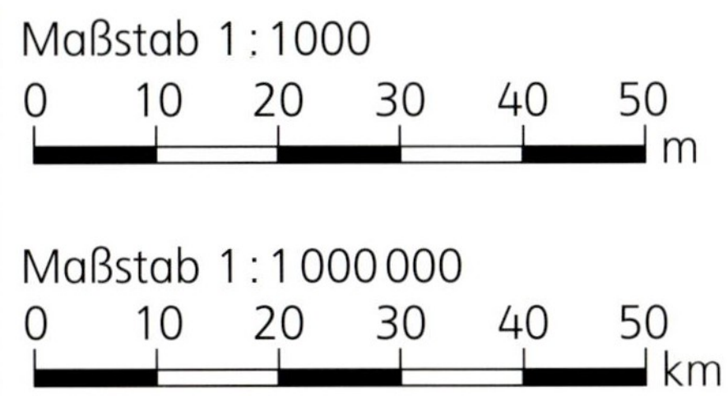

Himmelsrichtungen

- Die Haupthimmelsrichtungen sind Norden, Süden, Westen und Osten. Dazwischen gibt es die Nebenhimmelsrichtungen Nordosten, Nordwesten, Südosten und Südwesten. Karten sind meist so angelegt, dass oben Norden ist. Man sagt, die Karte ist eingenordet.
- Die Himmelsrichtungen kann man auch mithilfe der Sonne und mit einem Kompass herausfinden. Bei uns geht die Sonne im Osten auf, sie steht mittags hoch im Süden und geht abends im Westen unter.
- Der Kompass richtet sich nach dem Magnetpol der Erde. Die Nadelspitze zeigt dabei nach Norden.

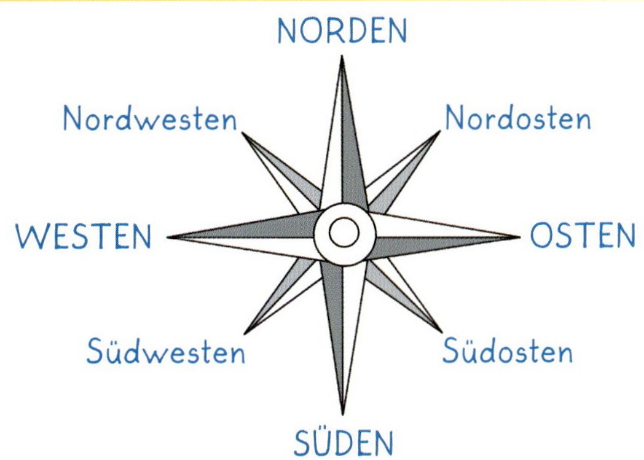

20 Euer Ort/eure Region

Landschaften prägen eine Region

- Wenn Menschen früher Dörfer oder Städte anlegten, dann suchten sie nach geeigneten Stellen:
  - Ist Wasser in der Nähe, zum Beispiel ein Fluss?
    Wasser war nicht nur für Menschen und Tiere wichtig. Da es nur wenige Straßen gab, waren Flüsse auch wichtige Verkehrswege.
  - Ist der Ort geschützt, zum Beispiel auf einem Hügel?
  - Ist der Boden fruchtbar, kann man hier Nahrung anbauen, zum Beispiel Getreide?
  - Gibt es Tiere in der Nähe, die man halten kann oder die man jagen kann?
- Früher waren fruchtbare Böden oder das Klima wichtig für die Wahl eines Gebäudes oder einer Siedlung. Heute siedeln viele Menschen in der Nähe einer Fabrik oder eines anderen Arbeitsplatzes an.
- Eine gute Verkehrsanbindung ist ebenfalls wichtig. Dadurch kann man von seinem Wohnort auch schnell zu einem Arbeitsplatz in einer anderen Stadt kommen.

Siedlung vor etwa 1000 Jahren

Untersucht euren eigenen Ort oder eure Region

- Um festzustellen, was euren Ort oder eure Region geprägt hat, müsst ihr verschiedene Fragen beantworten:
  - Welche Oberflächenform hat eure Region, ist sie flach oder hügelig?
  - Was wächst gut auf den Böden eurer Region? Was bauen die Landwirte hauptsächlich an?
  - Gibt es dort Bodenschätze, zum Beispiel Kohle, die abgebaut oder verarbeitet werden?
  - Arbeiten die Menschen hauptsächlich in Fabriken, in Büros oder in der Landwirtschaft?
- Informationen bekommt ihr zum Beispiel im Rathaus, in einem Museum oder in einer Bücherei. Fragt auch ältere Mitbürger oder Heimatpfleger.

So könnt ihr vorgehen:
- Sammelt Informationen und Bildmaterial.
- Wählt aus, was ihr davon verwenden wollt.
- Gestaltet die Darstellung eurer Region als Heimatbuch oder als Plakat.

21 Früher und heute

- Wo heute Städte und Dörfer sind, gab es vor vielen Tausend Jahren nur Urwälder, Flüsse und Gebirge. Als die Menschen die Erde besiedelten, begannen sie, die Landschaft nach ihren Bedürfnissen zu verändern.
- Während der Steinzeit, vor etwa 10 000 Jahren, schlugen die Menschen in Waldlichtungen ihre Lager auf. Sie errichteten Zelte aus Tierfellen, Tierknochen und Zweigen.
- Vor etwa 5000 Jahren begannen die Menschen Wälder zu roden. So schafften sie Platz für ihre Holzhäuser, für ihre Äcker und für die Tiere, die sie zähmten und hielten.
- Im Mittelalter, vor etwa 1000 Jahren, entstanden Burgen und Städte mit Stadtmauern und Märkten.
- Vor etwa 200 Jahren fanden viele Menschen Arbeit in großen Fabriken.
- Die Städte wuchsen, weil viele in der Nähe dieser Fabriken Wohnungen suchten.
- Welche Veränderungen finden in unserer Zeit statt?

Steinzeitlager
vor etwa 10000 Jahren

mittelalterliche Burg
mit Häusern vor etwa 10000 Jahren

Entdeckt Spuren von früher

- Es gibt in den meisten Orten vieles, was an früher erinnert, zum Beispiel alte Gebäude, Denkmäler oder Gedenkstätten.

Bücher und Bilder berichten davon, wie es früher war.

Auch ältere Menschen können von früher berichten.

Untersucht die Geschichte eurer Schule

- Einige Schulen sind schon mehr als 100 Jahre alt. Erkundigt euch nach der Geschichte eurer Schule oder einer älteren Schule in eurem Ort.
  - Was war damals anders?
  - Findet ihr noch Dinge aus der Schule von früher, zum Beispiel Hefte, Ranzen, Stifte, Schiefertafeln …?
  - Befragt ältere Menschen, wie es früher in ihrer Schule war.
  - Ihr könnt mit den Ergebnissen eurer Sammlungen und eurer Befragungen ein Plakat erstellen oder eine Ausstellung machen

22 Werbung, Wünsche und Bedürfnisse

Werbung für Produkte und für andere Zwecke

- Werbung findet man fast überall: Im Fernsehen, im Radio, in Zeitungen und Zeitschriften, auf Plakaten, in Prospekten oder auf Kleidung.
- Werbung ist meist dafür da, dass wir die Dinge kaufen, für die sie wirbt.
- Werbung kann über Produkte informieren.
- Sie kann aber auch Wünsche wecken. Sie kann uns dazu bringen, Dinge zu kaufen, die wir gar nicht brauchen.
- Werbung will nicht immer etwas verkaufen. Wenn ihr in der Schule ein Theaterstück vorführt, dann macht ihr Werbung, damit viele Zuschauer kommen.

Was wünschen wir? Was brauchen wir?

- Manchmal möchte man Dinge haben, nur weil einige andere sie besitzen. Das ist zum Beispiel bei der Mode so. Die Mode ändert sich oft aber schon nach kurzer Zeit, damit wir immer wieder etwas Neues kaufen.
- Hast du schon einmal etwas gekauft, weil die Werbung dich dazu gebracht hat? Wie war es danach?
  - Warst du zufrieden mit dem, was du gekauft hast?
  - Warst du hinterher enttäuscht? Warum?
- Die meisten Menschen haben viele Wünsche. Einige dieser Wünsche kann man mit Geld erfüllen. Für andere Wünsche braucht man kein Geld.
- Überlege und schreibe auf, welche Wünsche du hast.
  - Es gibt Dinge, die man wirklich benötigt.
  - Es gibt Dinge, die man nicht wirklich braucht.
  - Wozu gehören deine Wünsche?
  - Für die Erfüllung welcher deiner Wünsche braucht man Geld?
  - Für die Erfüllung welcher deiner Wünsche brauchst du kein Geld?

Nicht alle Wünsche gehen in Erfüllung.

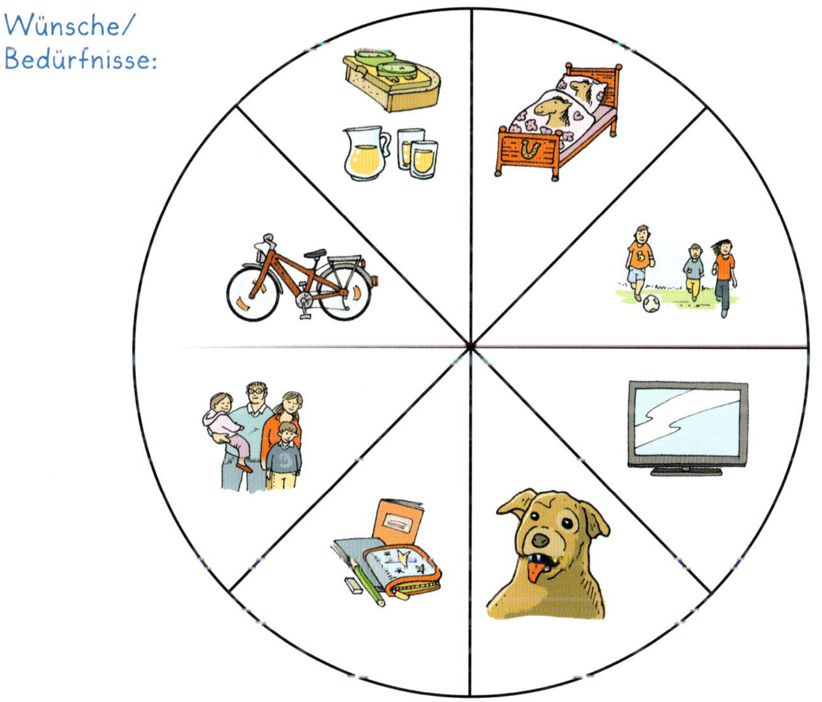

23 Medien

Information und Unterhaltung

- Als Medien bezeichnen wir Gegenstände und Geräte, die Informationen festhalten und weitergeben.
  Dazu gehören zum Beispiel Zeitungen oder CDs.
- Medien ermöglichen dir auch, mit anderen in Kontakt zu treten.
  Dazu gehören zum Beispiel Telefone oder das Internet.
- Medien können dich informieren.
- Medien können dich unterhalten.

Informationen vergleichen

- Stell dir vor: Zwei Schüler haben einen Streit und gehen damit zu ihrer Lehrerin. Jeder der beiden Schüler schildert den Streit so, wie er ihn sieht. Beide Berichte sind unterschiedlich. Wie kann die Lehrerin feststellen, welche Berichte stimmen? Können andere, die den Streit verfolgt haben, etwas dazu sagen?
- Wenn Zeitungen über Ereignisse berichten, dann sind deren Berichte auch nicht immer gleich. Auch Bilder kann man so verändern, dass wichtige Informationen verloren gehen oder anders dargestellt werden.
- Nicht alles, was wir aus den Medien erfahren, ist so, wie es dargestellt wird. Wenn man etwas genau wissen möchte, dann hilft es, wenn man verschiedene Informationen vergleicht.
- Was bedeuten diese Redensarten?
  – Das habe ich schwarz auf weiß gesehen.
  – Der lügt wie gedruckt.

  Wie könnten sie entstanden sein?

Hier siehst du, wie durch die Wahl des Bildausschnitts bestimmte Informationen verloren gehen oder anders dargestellt werden können:

Bildausschnitt A

Bildausschnitt B

24 Rad fahren

Ein sicheres Fahrrad

- Ein sicheres Fahrrad und die richtige Kleidung sorgen für Sicherheit beim Rad fahren.
- Funktionierende Bremsen können Unfälle verhindern.
- Mit einer funktionierenden Klingel kannst du andere warnen.
- Ein richtig aufgesetzter Helm schützt dich bei einem Sturz.
- Reflektoren und helle Kleidung sorgen dafür, dass man dich auch im Dunkeln gut sehen kann.

Wer hat Vorfahrt?

- Vorfahrt hat bei einer Kreuzung oder bei einer Einmündung, wer von rechts kommt.
  Dies gilt nicht, wenn die Vorfahrt durch Verkehrsschilder geregelt wird.
  Es gilt auch nicht für Fahrzeuge die aus einem Feldweg oder Waldweg kommen.
- Diese Schilder regeln die Vorfahrt:
  - Halt! Vorfahrt gewähren (1),
  - Vorfahrt gewähren (2),
  - Vorfahrt an der nächsten Kreuzung (3),
  - Vorfahrtsstraße (4),
  - Ende der Vorfahrtsstraße (5),
  - Vorrang vor dem Gegenverkehr (6).
- Fahre erst, wenn der Weg frei ist, und wenn du sicher bist,
  - ob du Vorfahrt hast,
  - wie die Vorfahrt geregelt ist,
  - ob der andere Verkehrsteilnehmer anhält.

Verkehrszeichen, die für Radfahrer wichtig sind

- Für dich als Radfahrer sind diese Verkehrszeichen besonders wichtig:
  - Weg nur für Fußgänger (A),
  - Weg nur für Radfahrer (B),
  - gemeinsamer Rad- und Fußweg (C),
  - getrennter Rad- und Fußweg (D).

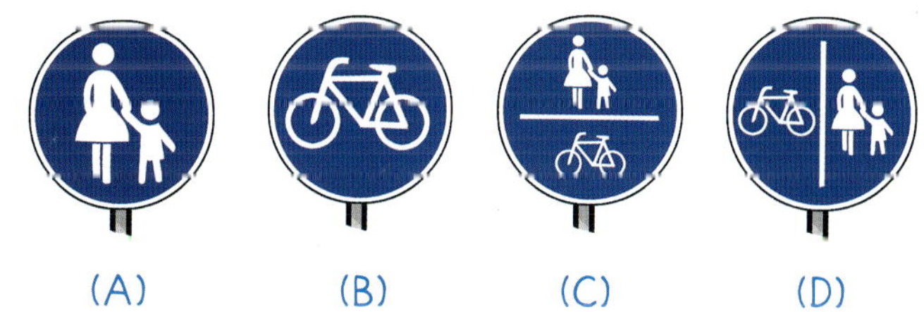

25 Stichwortverzeichnis